はじめに

この本を手にとってくれて、ありがとう！

料理は楽しくてワクワクするものです。この本では、お家にあるみぢかな材料を使って、みなさんが一人でも作れるレシピをたくさん紹介しています！

自分で作ったごはんは、だれかに作ってもらったごはんとちがって特別なものです。はじめは難しいこともあるかもしれないけれど、少しずつやってみるとどんどん上手になるよ！ 自信をもって作れるようになったら、お家の人やお友だちにもふるまってみよう！

今井 亮

もくじ

- ② はじめに
- ④ 料理の基本
- ⑥ 道具の使い方
- ⑧ パスタのゆで方

PART 1 パスタ

- ⑩ 和風ツナトマトのっけパスタ
- ⑫ たらこバターのっけパスタ
- ⑬ しらすかつおぶしのっけパスタ
- ⑭ ワンパンミートソース
- ⑯ ワンパンナポリタン
- ⑰ ワンパンカルボナーラ
- ⑱ ワンパンベーコンキャベツ
- ⑲ ワンパンきのこクリーム
- ⑳ 中華風コーンたまごスープ

PART 2 うどん・焼きそば・ラーメン

- ㉒ 焼き豚きゅうりあえうどん
- ㉔ 焼き肉のタレ納豆うどん
- ㉕ 釜玉うどん
- ㉖ ソース焼きそば
- ㉘ 塩焼きそば
- ㉙ タンタンめん風焼きそば
- ㉚ にらもやしラーメン
- ㉜ かきたましょうゆラーメン
- ㉝ ミックス野菜塩ラーメン
- ㉞ えびトマトチーズラーメン
- ㉟ みそバターコーンえのきラーメン
- ㊱ サラダチキンカップめん
- ㊳ 焼きのり中華スープ
- ㊴ お片づけのコツ

料理の基本

料理をするときの約束ごと

料理をするときは、必ず手を洗うようにしましょう。また、料理をするには、いくつか道具が必要です。まずは、必要な道具がどこにあるのか確認しましょう。包丁や火を使うので、散らかっていては危険です。整理された状態でキッチンを使い、終わったら道具をちゃんと洗って片づけるようにしましょう。

材料のはかり方

材料をはかるときには、おもに3つの道具を使います。

大さじ・小さじ

計量できるスプーンです。大さじ1杯は15mL、小さじ1杯は5mLです。

計量カップ

さまざまな大きさがありますが、200mLまではかれるものが使いやすいです。

スケール(はかり)

gやmLなど、設定に合わせてさまざまなものを計量できます。

大さじで液体をはかるとき

しょうゆやみりんなどをはかります。

大さじ1のとき。表面が盛り上がり、こぼれない程度にそそぎます。

大さじ1/2のとき。いっぱいになるより少し低くそそぎます。

小さじで塩や砂糖をはかるとき

1杯分、1/2杯分などさまざまな分量をはかることができます。

はじめに、小さじ山盛りに塩や砂糖をすくいます。

大さじの柄を小さじのふちにそわせて、山になった部分を落とします。

ふちにぴったりになったら、成功！これが「小さじ1」です。

小さじ1/2のとき

大さじの柄でまんなかに線をひき、半分を落とします。

小さじ1/4のとき

大さじの柄で十字を描き、半分落としてから、もう半分落とします。

ひとつまみとは？

ひとつまみとは、親指、人差し指、中指の3本でつまんだ量のことです。

少々とは？

少々とは、親指と人差し指の2本でつまんだ量のことです。

計量カップではかるとき

計量カップではかるときは、カップを水平になる位置に置き、横からめもりを見てはかります。

スケールではかるとき

スケールではかるときは、スケールを水平になる位置に置きます。

お皿やラップなどをのせて、めもりを0に合わせます。

お皿にはかりたい食材を入れてはかります。

道具の使い方

料理には、さまざまな道具が必要です。使い方のコツや注意するところを説明します。

包丁の使い方

※火や包丁を使うときは、大人の人に聞いてからにしましょう。

包丁とまな板は、自分の体に近い場所に水平に置きます。

まな板がすべる場合は、ぬれたふきんなどをしいて使いましょう。

包丁は指5本でしっかり握ります。

左手は爪を立てるようにして食材をおさえ、第二関節と包丁がまっすぐになるように切ります。

包丁はギコギコと押したり引いたりせず、奥に向かって押すように切ります。

使わないときは、包丁の刃を自分とは反対側に向けて置きます。

キッチンバサミの使い方

キッチンバサミは、紙を切るハサミとは違い、食材を切るためのハサミです。

細いねぎやニラなどを切るときは、キッチンバサミで切ると便利です。

野菜と肉を切るときは野菜から切り、肉や魚はあとで切ります。

鍋・フライパンの使い方とサイズ

鍋やフライパンを火にかけるときは、ぶつかって倒してしまわないよう、柄を左右どちらかによけておくと安全です。

鍋やフライパンには、さまざまなサイズがあります。この本では、フライパンは直径24cmのものを使っています。鍋は直径18cmのものがあるとよいでしょう。

火の強さについて

弱火
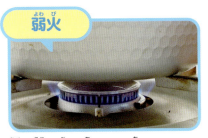
鍋の底に火が当たるか当たらないか程度。煮込んだり、焦げやすいものを焼いたりするときの火加減です。

中火

鍋の底に火がしっかり当たる程度。目玉焼きやパンケーキを焼くなど、いちばん使いやすい火加減です。

強火

鍋の直径に火がしっかり当たる程度。いため物など、水分を飛ばしたいときに使うことが多い火加減です。

電子レンジの使い方

電子レンジは600Wのものを使用しています。W数が異なる場合は、時間を調節して使いましょう。陶器やレンジ用のコンテナ容器、耐熱性のガラスボウルを使います。

電子レンジから取り出したものはとても熱いので気をつけましょう。袋やラップで包んだものを開けるときは、蒸気でやけどしないよう、奥から手前に向かって開けます。

電子レンジで使用✗

アルミホイル、耐熱性ではない器・ガラス、紙製・木製のものなど、電子レンジでは使えないものもあるので、注意しましょう。

トースターの使い方

トースターは1000Wのものを使用しています。W数が異なる場合は、時間を調節して使いましょう。

トースターは機械本体も熱くなることが多く、中に入れた網やトレイも熱くなるので、取り出すときにはやけどに十分注意しましょう。

燃えちゃうよ

ラップ、耐熱性ではない器、紙製のものなど、トースターでは使えないものもあるので、注意しましょう。

パスタのゆで方

パスタをゆでてみよう！　パスタさえゆでられれば、好みのソースでいろいろな味つけのパスタが楽しめます。
たっぷりの水を鍋で沸かすので、くれぐれもやけどに気をつけましょう。

①パスタをはかる

1人前は80gが目安。たくさん食べたいときは100gくらいに。本書では、1.5mmの6分ゆでスパゲッティを使っています。

②鍋に水を入れて沸騰させる

鍋に水をたっぷり入れて沸かします。鍋の中心の水が泡立ってきたら、沸騰した合図。

③塩を入れる

水1.5Lに対して大さじ1の塩を入れます。

④パスタを入れる

パスタをつかみ、少しやわらかくなるまで軽く押します。湯気が上がってきて熱い場合は、いったん火を止めましょう。

⑤手をはなす

半分くらいやわらかくなったら、手をはなします。

⑥パスタを混ぜる

全体が湯に浸かるように、菜箸でパスタを混ぜます。

⑦ざるにあげる

ボウルにざるをセットする。表示の時間通りにゆでたら、トングでパスタをつかみ、ざるに入れます。

⑧ざるをふって湯切りする

パスタを全部入れたら、軽くざるをふり、湯切りします。

ざるとボウルはセットで使うよ！

PART 1 パスタ

パスタの章ではゆでたパスタに混ぜた具材をのせた簡単なレシピから、ナポリタンやカルボナーラなどお店で食べるような本格的レシピを紹介するよ!

たらこの中身の取り出し方

手も汚れなくて便利！

1. たらこをラップで包む
2. はさみでたらこごと先端を切る。
3. カットしたところから、しぼるように中身を出す。

ピーマンの細切り

1. ピーマンを、縦半分に切る。
2. まずはヘタを下に引っ張ってとる。
3. 残っている白いワタとタネを手でとりのぞく。
4. 半分に切ったピーマンを包丁で細く切っていく。

パスタ レベル ★☆☆

トマトをすりおろしてソースに

和風ツナトマトのっけパスタ

 20分
 火
包丁
 電子レンジ なし

和風パスタはめんつゆを使うとかんたん！トマトの酸味もまろやかに

用意するもの

道具
- 大さじ
- 包丁
- まな板
- すりおろし器
- ボウル×2
- スプーン
- 鍋
- 菜箸
- ざる
- トング

材料（1人分）
- 水　　　　　1.5L
- 塩　　　　　大さじ1
- スパゲッティ　80g
- ツナ缶　　　1缶（70g）
- トマト（小）　1個（100g）
- めんつゆ（3倍濃縮）　大さじ1

作り方

1 トマトは横半分に切り、切り口を下にしてすりおろし器ですりおろす。

2 ツナ缶は油をきる（油のきり方➡「ごはん」の巻9ページ）。

3 ボウルに、❶のトマトと❷のツナ、めんつゆを入れてスプーンでよく混ぜる。

4 スパゲッティをゆでる（ゆで方➡8ページ）。

5 ボウルをざるにセットする。スパゲッティがゆであがったら、めんをトングでつかんでざるにあげる。

6 ❸のボウルに❺を加えて混ぜ、スパゲッティにソースをよくからませる。

PART 1　パスタ

パスタ
レベル ★☆☆

辛いのが好きな人は明太子でも

たらこバターのっけパスタ

15分

火

包丁 なし

電子レンジ なし

たらこをていねいにほぐすと、とろっとしておいしい！

用意するもの

道具
- 大さじ
- 小さじ
- ラップ
- はさみ
- スプーン
- ボウル
- 鍋
- ざる
- トング

材料（1人分）
- 水 ……………… 1.5L
- 塩 ……………… 大さじ1
- スパゲッティ …… 80g
- たらこ ………… 1本
- バター ………… 10g
- めんつゆ（3倍濃縮）… 小さじ1
- 焼きのり ……… 適量

作り方

1. スパゲッティをゆでる（ゆで方➡8ページ）。
2. たらこをラップで包んで、端をはさみで切って中身を取り出す（取り出し方➡9ページ）。
3. ボウルに❷のたらことバター、めんつゆを入れる。
4. スパゲッティがゆであがったら、トングでつかみ、ざるにあげる。❸のボウルにスパゲッティを加えてさっと混ぜる。
5. 器に盛りつけ、のりを小さくちぎってちらす。

パスタ

レベル ★☆☆

しそやごまなど和風食材プラスでアレンジも

しらすかつおぶしのっけパスタ

 15分

包丁 なし　　電子レンジ なし

オイルとしらすの塩気だけで味つけした、さっぱりさわやかな味

用意するもの

道具
- 大さじ
- 小さじ
- 鍋
- ざる
- トング

材料（1人分）
- 水 ……… 1.5L
- 塩 ……… 大さじ1
- スパゲッティ ……… 80g
- しらす ……… 大さじ4
- かつおぶし（小袋）……… 1袋
- オリーブオイル ……… 小さじ2

作り方

❶ スパゲッティをゆでる（ゆで方➡8ページ）。

❷ ゆであがったら、スパゲッティをトングでつかみ、ざるにあげる。

❸ ❷のスパゲッティを器に盛り、しらすとかつおぶしをのせて、オリーブオイルをかける。

13

パスタ

レベル ★★★

フライパンひとつでボリュームたっぷり

ワンパンミートソース

 30分
 火
 包丁
 電子レンジ なし

ソースにスパゲッティを直接入れると、ソースを吸ったスパゲッティがもちもちに

用意するもの

道具
- 大さじ
- 小さじ
- 包丁
- まな板
- ヘラ
- フライパン
- ボウル
- 菜箸
- トング

材料（1人分）
- 玉ねぎ　　　　　1/4個(50g)
- ごま油　　　　　小さじ1
- あいびき肉　　　100g
- A 水　　　　　　350mL
- 　ケチャップ　　大さじ3
- ウスターソース　大さじ1
- 顆粒コンソメ　　小さじ1/2
- 塩・こしょう　　各少々
- スパゲッティ　　80g
- 粉チーズ　　　　小さじ1

PART 1 パスタ

作り方

1 玉ねぎはみじん切りにする（切り方 ➡「ごはん」の巻27ページ）。Aの材料をすべてボウルに入れて混ぜておく。

2 フライパンにごま油を入れて中火で熱し、ひき肉を入れる。

3 ヘラで肉をほぐしながら3分いためる。

4 玉ねぎを加えて、玉ねぎがすき通るまでいためる。

5 ❶で混ぜておいたAを加えて沸騰させる。

6 スパゲッティを手で半分に折る。

7 フライパンにスパゲッティを加える。

8 菜箸でときどき混ぜながら、6〜7分煮る。

9 写真のように汁気がなくなったらトングを使って皿に盛り、粉チーズをかける。

パスタ

レベル ★★★☆

何度も作りたい昔ながらのスパゲッティ

ワンパンナポリタン

 30分
 火
 包丁
 電子レンジ なし

ソースがとろりとスパゲッティにからんでやわらか。熱々をすぐどうぞ

用意するもの

道具
- 大さじ
- 小さじ
- 包丁
- まな板
- フライパン
- 菜箸

材料（1人分）
- 玉ねぎ ……… 1/4個（50g）
- ピーマン ……… 1個（30g）
- ソーセージ ……… 2本
- オリーブオイル ……… 小さじ1
- A
  - 水 ……… 350mL
  - ケチャップ ……… 大さじ4
  - 塩・こしょう ……… 各少々
- スパゲッティ ……… 80g

作り方

❶ 玉ねぎは薄切りにする（切り方➡「ごはん」の巻27ページ）。ピーマンは縦半分に切って、ヘタとタネを取り、横に細切りにする（切り方➡9ページ）。ソーセージはななめ1cm幅に切る。

❷ フライパンにオリーブオイルを入れて中火で熱し、玉ねぎとソーセージを1分いためる。Aを加えて沸騰したらスパゲッティを半分に折って加える。

❸ ときどき混ぜながら6～7分煮る。汁気が少なくなってとろみがついたらピーマンを加え、さっと混ぜて火を止める。

パスタ レベル ★★☆

難しいメニューもワンパンなら手軽で作りやすい

ワンパンカルボナーラ

 25分
 火
 包丁
 電子レンジ なし

たまごで作った濃厚ソースはレストランの味

用意するもの

道具
- 小さじ
- 包丁
- まな板
- 菜箸
- フライパン
- ボウル
- トング

材料（1人分）
- ベーコン …………… 1枚
- たまご ……………… 1個
- ピザ用チーズ ……… 30g
- オリーブオイル …… 小さじ1
- 水 …………………… 350mL
- 顆粒コンソメ ……… 小さじ1/2
- スパゲッティ ……… 80g
- 塩 …………………… 小さじ1/4
- あらびき黒こしょう 適量

作り方

1. ベーコンは1cm幅に切る。
2. ボウルにたまごとピザ用チーズを入れて混ぜる。
3. フライパンにオリーブオイルを入れて中火で熱し、ベーコンを2分いためる。水、コンソメ、塩を入れて沸騰させる。
4. 沸いたらスパゲッティを半分に折って加える。
5. 菜箸でときどき混ぜながら6～7分煮る。汁気が少なくなってとろみがついたら、❷のボウルにトングでスパゲッティとベーコンを入れ、手早く混ぜる。器に盛り、黒こしょうをかける。

17

パスタ
レベル ★★★☆

オリーブオイルとコンソメで洋風アレンジ

ワンパン ベーコンキャベツ

 25分

 包丁
 電子レンジ なし

キャベツとベーコンのうまみもめんに吸わせるからおいしくなる

用意するもの

道具
- 小さじ
- 包丁
- まな板
- フライパン
- 菜箸

材料（1人分）
- キャベツ ……… 2枚
- ベーコン ……… 2枚
- オリーブオイル ……… 小さじ1
- にんにくのすりおろし ……… 小さじ1/2
- 水 ……… 350mL
- 顆粒コンソメ ……… 小さじ1/2
- 塩 ……… 小さじ1/4
- スパゲッティ ……… 80g

作り方

1. キャベツは一口大に切る。ベーコンは1cm幅に切る。
2. フライパンにオリーブオイルを入れて中火で熱し、にんにく、キャベツ、ベーコンを1分いためる。
3. 水、コンソメ、塩を入れて沸騰させる。
4. 沸いたらスパゲッティを手で半分に折って加え、6～7分煮る。ときどき菜箸で混ぜながら、汁気が少なくなってきてとろみがついたら火を止める。

パスタ
レベル ★★★☆

好きなきのこに変えてもできる
ワンパン きのこクリーム

 25分
 火
 包丁
 電子レンジ なし

クリーミーなソースはきのこと相性ばつぐん

用意するもの

道具
- 小さじ
- 包丁
- まな板
- フライパン
- 菜箸

材料（1人分）
- しめじ ……………… 1/2パック（50g）
- 玉ねぎ ……………… 1/4個（50g）
- オリーブオイル …… 小さじ1
- A
  - 牛乳 ……………… 200mL
  - 水 ………………… 150mL
  - 顆粒コンソメ …… 小さじ1/2
  - 塩・こしょう …… 各少々
- バター ……………… 10g
- スパゲッティ ……… 80g

作り方

1. しめじはほぐす。玉ねぎは薄切り（切り方→「ごはん」の巻27ページ）にする。
2. フライパンにオリーブオイルを入れて中火で熱し、しめじ、玉ねぎを1分いためる。
3. ❷にAを加えて沸騰させる。
4. 沸いたらスパゲッティを半分に折って加え、6～7分煮る。菜箸でときどき混ぜながら、汁気が少なくなってきてとろみがついたら火を止める。

19

ごま油を入れると中華味になる！
中華風コーンたまごスープ

たまごのやさしい味であったまる

用意するもの

道具
- 大さじ
- 小さじ
- 耐熱カップまたはおわん
- 菜箸

材料（1人分）
- たまご……………… 1個
- コーン缶…………… 大さじ2
- ごま油……………… 小さじ1/2
- 鶏ガラスープの素… 小さじ1
- 塩…………………… 少々
- 熱湯………………… おわんに入る量

作り方

1. おわんにたまごを割ってほぐす。
2. その他の材料をすべて加え、熱湯をそそぐ。
3. 菜箸でよく混ぜる。

PART 2 うどん・焼きそば・ラーメン

レンジでできちゃううどんや本格的な焼きそば、インスタントめんやカップめんを使ったラーメンのレシピを紹介するよ。たくさん種類があるのでいろいろ試してみよう！

ねぎの小口切り

1 まな板にねぎを横向きに置いて、根元を切り落とす。

2 ラーメンに入れるなら、端から3～5mmくらいの幅で切る。

3 薬味にするなら、1～2mmくらいの幅で切る。

トマトの角切り

1 ヘタの部分を切り落とす。

2 切ったところを下にして、1～2cm幅に輪切りにする。

3 輪切りにしたトマトを、1～2cmの棒状に切る。

4 棒状にしたトマトを、1～2cmの角切りにする。

うどん・焼きそば・ラーメン

レベル ★☆☆

よく混ぜてからいただきます！

焼き豚きゅうりあえうどん

15分

火 なし

包丁

電子レンジ

きゅうりを割ると、食感が変わっておもしろい！

用意するもの

道具
- 小さじ
- 木ベラ
- ボウル
- 包丁
- 耐熱皿
- まな板
- ざる

材料（1人分）
- きゅうり ……… 1本
- 冷凍うどん … 1玉
- しょうゆ ……… 小さじ2
- ごま油 ………… 小さじ1
- 焼き豚（スライス） 50g

作り方

> きゅうりは短く切ると割りやすいよ

1

きゅうりは両端を少し切り、木ベラをのせて手で押す。

2

割れ目ができたら食べやすく割く。

3

冷凍うどんは袋のまま耐熱皿にのせる。

4

表示通りに電子レンジで加熱する。

5

蒸気が熱いので、やけどしないように奥から手前に向かって袋を開ける。

6

ボウルにざるをセットしてうどんを入れ、水でよく洗って冷やす。

7

うどんをしぼり、水気を切って器に盛る。

8

うどんにしょうゆとごま油をかけて、きゅうり、焼き豚をのせる。

> 冷凍うどんをレンジで加熱する時間は2分30秒から3分が目安！袋の表示をチェックしよう！

うどん・焼きそば・ラーメン

レベル ★☆☆

包丁も火も使わないからひとりでできるね！

焼き肉のタレ納豆うどん

 10分
 火 なし
包丁 なし
 電子レンジ

焼き肉のタレをうどんにかけたら意外にもめちゃくちゃおいしい！

用意するもの

道具
- 大さじ
- 耐熱皿
- ボウル
- ざる
- 菜箸

材料（1人分）
- 冷凍うどん … 1玉
- 納豆 ……… 1パック
- 焼肉のタレ … 大さじ2

作り方

❶ 冷凍うどんは袋のまま耐熱皿にのせて、表示通りに電子レンジで加熱する。

❷ ボウルにざるをセットしてうどんを入れ、水でよく洗って冷やす。うどんの水気を切って器に盛る。

❸ 納豆に焼肉のタレを入れて菜箸で混ぜ、❷にのせる。

うどん・焼きそば・ラーメン

レベル ★☆☆

食べたいときにパッと作れるお手軽メニュー

釜玉うどん

| 5分 | 火 なし |
| 包丁 なし | 電子レンジ |

あったかいうどんに、冷たいたまごをからめて食べて

用意するもの

道具
- 大さじ
- 耐熱皿

材料（1人分）
- 冷凍うどん ……… 1玉
- たまご ……… 1個
- めんつゆ（3倍濃縮）…… 大さじ2
- かつおぶし（小袋）…… 1袋

作り方

1. 冷凍うどんは袋のまま耐熱皿にのせて、表示通りに電子レンジで加熱する。
2. うどんを器に盛り、めんつゆをかける。たまごを割ってのせ、かつおぶしをかける。

25

うどん・焼きそば・ラーメン

レベル ★★★

おまつりで買ったみたい！ 基本の焼きそば

ソース焼きそば

 30分
 火
 包丁
 電子レンジ

めんは、先にレンチンしておくとほぐしやすくなるよ！

用意するもの

道具
- 大さじ
- 小さじ
- まな板
- 包丁
- 耐熱皿
- ボウル
- スプーン
- フライパン
- 菜箸

材料（1人分）
- 焼きそば用蒸しめん……1玉
- キャベツ……2枚
- 豚バラ薄切り肉……3枚
- ウスターソース……大さじ2
- しょうゆ……小さじ1
- 砂糖……小さじ1/2
- サラダ油……小さじ1
- 塩・こしょう……各少々
- かつおぶし……適量
- 青のり……適量

26

作り方

1. めんは袋のまま耐熱皿にのせて、電子レンジで1分加熱する。

2. 耐熱皿にめんをあける。

3. 菜箸でめんをほぐす。

4. キャベツは一口大に切る。

5. 豚肉は3cm幅に切る。

6. ボウルにウスターソース、しょうゆ、砂糖を入れて混ぜる。

7. フライパンにサラダ油を入れて中火で熱し、豚肉を入れて2分いためる。

8. キャベツを加えて、1分いためる。

9. 塩、こしょうをふる。

10. めんを加え、菜箸で広げて1分いためる。

11. 端をあけて、⑥のソースを流し入れる。

12. 全体をよくかき混ぜてお皿に盛る。かつおぶしと青のりをかける。

うどん・焼きそば・ラーメン
レベル ★★★

豚肉たっぷりでボリュームアップ

塩焼きそば

25分

火

包丁 なし

電子レンジ

塩こしょうで味つけした、あっさり味の焼きそば

用意するもの

道具
- 大さじ
- 小さじ
- 耐熱皿
- ボウル
- フライパン
- 菜箸

材料（1人分）
- 焼きそば用蒸しめん …… 1玉
- A
  - 酒 …… 大さじ1
  - ごま油 …… 小さじ1
  - 鶏ガラスープの素 …… 小さじ1
  - 塩 …… 小さじ1/4
  - こしょう …… 少々
- サラダ油 …… 大さじ1
- 豚肉切り落とし …… 100g
- ねぎの小口切り …… 大さじ4

作り方

❶ めんは袋のまま耐熱皿にのせて、電子レンジで1分加熱する。皿にめんを取り出してほぐす。

❷ ボウルにAを入れて混ぜる。

❸ フライパンにサラダ油を入れて中火で熱し、豚肉を入れて2分いためる。

❹ めんを加え、菜箸で広げて1分いため、端をあけて❷とねぎを加え、さっとからめる。

うどん・焼きそば・ラーメン

レベル ★★★

さっといためたもやしがシャキシャキ！

タンタンめん風焼きそば

 25分
 火
 包丁なし
 電子レンジ

すりごまをたっぷりふった、新しい焼きそばを楽しんで

用意するもの

道具
- 大さじ
- 小さじ
- 耐熱皿
- ボウル
- フライパン
- 菜箸

材料（1人分）
- 焼きそば用蒸しめん……1玉
- しょうゆ……大さじ1
- 酒……大さじ1
- ごま油……小さじ1
- サラダ油……大さじ1
- 豚ひき肉……50g
- もやし……1/2袋（100g）
- 白すりごま……小さじ1

作り方

1. めんは袋のまま耐熱皿にのせて、電子レンジで1分加熱する。皿にめんを取り出してほぐす。
2. ボウルにしょうゆ、酒、ごま油を入れて混ぜる。
3. フライパンにサラダ油を入れて中火で熱し、ひき肉を入れてほぐしながら2分いため、もやしを加えて1分いためる。
4. めんを加え、菜箸で広げて1分いため、端をあけて❷を加え、さっとからめる。皿に盛り、すりごまをかける。

29

うどん・焼きそば・ラーメン

レベル ★★★☆

たっぷりのせた野菜で食べ応えあり！

にらもやしラーメン

 20分
 火
 包丁
 電子レンジ なし

腹ペコのときに食べたいボリュームレシピ

用意するもの

道具
- 包丁
- まな板
- 鍋
- 菜箸

材料（1人分）
- ニラ ……………………………… 1/2束
- インスタントラーメン（好みの味）… 1袋
- 豚肉切り落とし ……… 50g
- もやし …… 1/2袋（100g）

作り方

1 ニラは5cm幅に切る。

2 鍋に、袋に書いてある分量の水を入れて沸かし、めんを入れる。

3 菜箸でほぐしながら、表示通りの時間ゆでる。

4 めんを器に取り出す。

5 鍋に残ったお湯に、付属のスープの素を加える。

6 豚肉を加えてほぐす。

7 ニラともやしを加える。

8 ふたをして1分30秒煮て、スープごとめんにかける。

おすすめはみそ味です！

うどん・焼きそば・ラーメン

レベル ★★☆

ラーメンの味は好みでアレンジしても

かきたましょうゆラーメン

15分

火

包丁 なし

電子レンジ なし

ふわっふわのたまごがたまらない！

用意するもの

道具
- ボウル
- 菜箸
- 鍋

材料（1人分）
- たまご …… 1個
- インスタントラーメン（しょうゆ味）…… 1袋

作り方

❶ ボウルにたまごを割ってほぐす。

❷ 鍋に、袋に書いてある分量の水を入れて沸かし、めんを入れる。菜箸でほぐしながら、表示通りの時間ゆで、めんを器に取り出す（→31ページの❹）。

❸ 鍋に残ったお湯に、付属のスープの素を入れて混ぜる（→31ページの❺）。❶のたまごをまわし入れ、火が通ったら、スープごとめんにかける。

うどん・焼きそば・ラーメン

レベル ★★☆

お休みの日の昼ごはんはラーメンで決まり！

ミックス野菜塩ラーメン

 15分

 火

包丁 なし　電子レンジ なし

さっぱりした塩味には野菜を合わせるのがおすすめ

用意するもの

道具
- 小さじ
- 菜箸
- 鍋

材料（1人分）
- インスタントラーメン（塩味）……1袋
- ミックス野菜……150g（1袋）
- ごま油……小さじ1

作り方

❶ 鍋に、袋に書いてある分量の水を入れて沸かし、めんを入れる。菜箸でほぐしながら、表示通りの時間ゆで、めんを器に取り出す。

❷ 鍋に残ったお湯に、付属のスープの素とミックス野菜を入れ、ふたをして1分30秒煮る。スープごとめんにかけ、ごま油をたらす。

うどん・焼きそば・ラーメン

レベル ★★☆

えびトマトチーズラーメン

ラーメンを洋風にアレンジ

 20分
 火
 包丁
 電子レンジ なし

ゴロゴロ入ったトマトとえびがチーズとマッチ

用意するもの

道具
- 大さじ
- 小さじ
- 包丁
- まな板
- 鍋
- 菜箸

材料（1人分）
- トマト（小）……1個
- インスタントラーメン（塩味）……1袋
- むきえび……50g
- ピザ用チーズ……大さじ2
- オリーブオイル……小さじ1

作り方

❶ トマトは2cm角に切る（切り方➡21ページ）。

❷ 鍋に、袋に書いてある分量の水を入れて沸かし、めんを入れる。菜箸でほぐしながら、表示通りの時間ゆで、めんを器に取り出す。

❸ 鍋に残ったお湯に、付属のスープの素とえびを入れ、ふたをして1分30秒煮る。スープごとめんにかけてトマトとチーズをのせ、オリーブオイルをかける。

うどん・焼きそば・ラーメン

レベル ★★☆

ヘルシーで栄養満点なえのきが主役！

みそバターコーン えのきラーメン

 25分
 火
 包丁
 電子レンジ なし

こってりバターを とかしながら いただきます！

用意するもの

道具
- 包丁
- まな板
- 菜箸
- 鍋

材料（1人分）
- インスタントラーメン（みそ味）……… 1袋
- コーン缶 ……… 1缶
- えのき ……… 1/2株
- バター ……… 10g

作り方

① コーン缶は汁気をきる。えのきは根本の硬い部分を2cmほど切り、長さを半分にしてほぐす。

② 鍋に、袋に書いてある分量の水を入れて沸かし、めんを入れる。菜箸でほぐしながら、表示通りの時間ゆで、めんを器に取り出す。

③ 鍋に残ったお湯に、付属のスープの素とコーン缶、えのきを入れ、ふたをして1分30秒煮る。スープごとめんにかけてバターをのせる。

うどん・焼きそば・ラーメン

レベル ★☆☆

楽しく作れるカップめんアレンジ

サラダチキンカップめん

10分

火 なし

包丁 なし

電子レンジ なし

カップめんも、いろいろ考えれば自分だけの料理になるよ！

用意するもの

道具
- お皿

材料（1人分）
- サラダチキン …………… 1/2個
- 好きなカップラーメン …… 1個
- たまご …………………… 1個

作り方

1 サラダチキンは食べやすい大きさに手で割く。

2 カップめんにかやくとスープの素を入れて、❶のサラダチキンをのせる。

3 その上にたまごを割ってのせる。

4 書かれている分量のお湯をそそぐ。

3 ふたをして、表示通りの時間おく。

お皿を上に置くと、ふたがしっかり閉まるよ！

あと入れの調味料や油がある場合はお好みで足してみて！

ごま油香る、ほっとするレシピ
焼きのり中華スープ

スープに焼きのりを入れると、とろんとしておいしくなるよ

用意するもの

道具
- 大さじ
- 小さじ
- 菜箸
- マグカップ

材料（1人分）
- 焼きのり …… 1/2枚
- ねぎの小口切り …… 大さじ1
- しょうゆ …… 小さじ1/2
- 鶏ガラスープの素 …… 小さじ1
- ごま油 …… 小さじ1/2
- 塩 …… 少々
- 熱湯 …… マグカップに入る量

作り方

❶ マグカップに材料をすべて入れ、熱湯をそそぐ。
❷ 菜箸でよく混ぜる。

お片づけのコツ

じょうずに作れたら、片づけまでしっかりするのが料理です！ 使った道具や器は洗ってしまい、テーブルなども拭いて、料理する前と同じようにきれいな状態に戻します。

1

洗いものは、シンクにまとめておきます。水を入れたり、水に浸したりしておくと、汚れが落ちやすくなります。

2

スポンジに洗剤をつけて、汚れの少ないコップから洗います。

3

油やソースなどで汚れた皿は、最後に洗います。

4

すべてのコップや皿を洗剤で洗い終えたら、お湯で流します。水よりもお湯を使ったほうが、汚れや油がよく落ちます。

使わなくなった布を再利用！

いらなくなったTシャツや汚れたふきんなどは、手のひらくらいの大きさに切っておきます。ひどい汚れの器は、このはぎれで先に汚れを拭いてから洗うと、水や洗剤をたくさん使わずにきれいに洗うことができ、環境にもやさしいでしょう。汚れを拭いたはぎれは捨てます。

POINT

テーブルやキッチンは、ふきんできれいに拭いておきましょう。最後まで気持ちよく片づけることが、料理じょうずへの一歩です。

料理上達への道

この本は、みなさんが作りやすいようにレシピを考えていますが、はじめはなかなかじょうずに作れないかもしれません。でも、料理は何度も作るうちに、作る順番を覚えられたり、道具の使い方に慣れてきたりして、少しずつうまくなっていくものです。作ってみておいしいなと思ったレシピがあったら、ぜひ何度も作ってみてください。慣れてきたら、違う材料を加えるなどのアレンジも楽しんでみてくださいね！

監修：今井 亮(いまい りょう)

京都府京丹後市の大自然に囲まれた地に生まれる。中華料理をはじめ、家庭料理を得意とする料理家。京都市内、東京の中華料理店で修行を積み、料理家などのアシスタントを経て独立。身近な食材に小技を効かせて、お店のような味を気兼ねなく作れるレシピは幅広い年代から支持を得る。料理雑誌、書籍、テレビ、料理教室など幅広く活動し、1女の父としても家事、育児に奮闘。著書に、『そそる！うち中華』(学研プラス)、『"炒めない"炒めもの』(主婦と生活社)、『簡単！おいしい味つけで蒸し中華』(文化出版局)、など。

Instagram(インスタグラム)：ryo.imai1931　X(エックス)：@ryomaimai1931

■ STAFF

撮　　影　原田真理
スタイリング　小松由加
調理補助　コバヤシリサ、福田みなみ

ひとりで作(つく)れる　カンタン！　まんぷくレシピ
めん－パスタ・うどん・焼(や)きそば・インスタントめんアレンジなど

2025年4月1日発行　第1版第1刷©

監　修	今井 亮(いまい りょう)
発行者	長谷川 翔
発行所	株式会社 保育社
	〒532-0003
	大阪市淀川区宮原3－4－30
	ニッセイ新大阪ビル16F
	TEL 06-6398-5151　FAX 06-6398-5157
	https://www.hoikusha.co.jp/
企画制作	株式会社メディカ出版
	TEL 06-6398-5048（編集）
	https://www.medica.co.jp/
編集担当	二畠令子／中島亜衣
編集協力	渡辺有祐（フィグインク）／吉川愛歩
装幀・本文デザイン	関根千晴（スタジオダンク）
イラスト	めんたまんた
校　閲	夢の本棚社
印刷・製本	株式会社精興社

本書の内容を無断で複製・複写・放送・データ配信などをすることは、著作権法上の例外をのぞき、著作権侵害になります。

ISBN978-4-586-08680-1　　　　　　　　　　　　　　Printed and bound in Japan
乱丁・落丁がありましたら、お取り替えいたします。